Cinéphile

Etude de films en français élément...

Les Visiteurs

Un film de Jean-Marie Poiré

Kerri Conditto

Focus Publishing

Cinéphile

Etude de films en français élémentaire

Les Visiteurs

Un film de Jean-Marie Poiré

Kerri Conditto
Tufts University

Focus Publishing, Newburyport, Massachusetts

ISBN 10: 1-58510-129-X
ISBN 13: 978-1-58510-129-0

10 9 8 7 6 5 4 3

0208W

Sommaire

Lexiques

Vocabulaire du cinéma

Les genres de films

un film	*a movie*	un drame	*a drama*
une comédie	*a comedy*	un film d'action	*an action film*
une comédie romantique	*a romantic comedy*	un film d'aventures	*an adventure film*
un documentaire	*a documentary*	un western	*a Western*

Les gens du cinéma

un/e acteur/trice	*an actor/an actress*	un/e réalisateur/trice	*a director*
un personnage	*a character*	un rôle	*a role*
un personnage principal	*a main character*	un/une scénariste	*a screenwriter*
un personnage secondaire	*a supporting character*	une vedette	*a star (m/f)*

Pour parler des films

la bande sonore	*sound track*	les effets spéciaux	*special effects*
le bruitage	*sound effects*	le film à succès	*box office hit*
la caméra	*camera*	l'intrigue	*plot*
la cassette vidéo	*video*	le scénario	*screenplay*
le costume	*costume*	la scène	*scene*
le décor	*background*	le son	*sound*
le DVD	*DVD*	les sous-titres	*subtitles*
l'échec	*flop, failure*	tourner un film	*to shoot a film*

Pour écrire

J'admire...	*I admire...*	bien	*well*
J'aime.../je n'aime pas...	*I like.../ I don't like...*	d'abord	*first*
J'apprécie...	*I appreciate, enjoy*	ensuite	*then, next*
Je déteste...	*I hate...*	finalement	*finally*
Je préfère...	*I prefer*	mal	*poorly, badly*
Je pense que...	*I think that...*	puis	*then*
à la fin	*at the end*	quelquefois	*sometimes*
à mon avis	*in my opinion*	souvent	*often*
après	*after*	trop	*too much*
alors	*so*	toujours	*always*
au début	*in the beginning*	vraiment	*really*

Fiche technique

Réalisation :	Jean-Marie Poiré
Scénario :	Christian Clavier et Jean-Marie Poiré
Musique originale :	Eric Levi
Année de production :	1992
Durée :	1 h 47
Genre :	Comédie médiévalo-fantastique
Production :	Alter Films, Gaumont, France 3 Cinéma, Alpilles Productions et Canal +
Date de sortie nationale :	27/01/1993
Cumul entrées France :	13 728 242 (sur 60 000 000 d'habitants en France)
	Ce chiffre représente un énorme succès public !

Synopsis

C'est l'an 1123. Le comte de Montmirail rentre chez lui après des batailles. En route, il capture une sorcière. La sorcière met une potion hallucinogène dans son eau. Le comte hallucine et assassine le père de sa fiancée. Pour se marier avec elle, il faut revenir dans le passé et réparer son geste. Alors, il rend visite à un magicien. Le magicien se trompe de formule. C'est une catastrophe ! Le comte et son domestique sont projetés dans le futur en 1992. Les *Visiteurs* rencontrent leurs descendants et cherchent un moyen de retourner au 12e siècle. Mais avant de retourner, le 20e siècle provoque des malentendus et des problèmes...

Note : « *Les Visiteurs* » est classé « R » aux Etats-Unis pour le langage.

Personnages

Personnages principaux

Christian Clavier	Jacquouille la Fripouille/Jacques-Henri Jacquart
Jean Reno	Godefroy de Papincourt, Comte de Montmirail
Valérie Lemercier	Frénégonde de Pouille/Béatrice de Montmirail
Marie-Anne Chazel	Ginette la clocharde
Christian Bujeau	Jean-Pierre

Personnages secondaires

Isabelle Nanty	Fabienne Morlot
Gérard Séty	Edgar Bernay
Didier Pain	Louis VI le Gros
Jean-Paul Muel	Le maréchal des Logis Gibon
Arielle Séménoff	Jacqueline
Michel Peyrelon	Edouard Bernay
Pierre Vial	Le magicien Eusaebius / Eusèbe Ferdinand
François Lalande	Le prêtre
Didier Bénureau	Le docteur Beauvin
Frédéric Baptiste	Freddy
Patrick Burgel	Le duc de Pouille
Tara Gano	La sorcière

❑ ❑

Vocabulaire du film

Adjectifs

agaçant/e	*annoying*	matérialiste	*materialistic*
agressif/ve	*aggressive*	mauvais/e	*bad*
bête	*dumb*	méchant/e	*mean*
bizarre	*strange*	moyen/ne	*average*
bon/ne	*good*	nouveau/nouvelle	*new (different)*
costaud/e	*stocky, big*	pauvre	*poor*
courageux/se	*courageous*	petit/e	*short, small*
fragile	*fragile*	poli/e	*polite*
fou/folle	*crazy*	propre	*clean*
gentil/le	*nice*	relaxe	*easy-going*
grand/e	*tall, big*	riche	*rich*
impoli/e	*impolite, rude*	sale	*dirty*
intelligent/e	*intelligent*	snob	*snob*
jeune	*young*	superficiel/le	*superficial*
joli/e	*pretty*	tendu/e	*tense, uptight*
laid/e	*ugly*	vieux/vieille	*old*

Métiers

un banquier	*a banker*	un médecin	*a doctor*
un clochard	*a bum*	un policier	*a policeman*
un dentiste	*a dentist*	un prêtre	*a priest*
un domestique	*a servant, squire*	un président	*a president*
une femme au foyer	*a housewife*	un propriétaire	*an owner*
un guerrier	*a warrior*	une sorcière	*a witch*
un magicien	*a magician*		

Famille/Amis

l'arrière-grand-père	*great grandfather*	la fille/le fils	*daughter/son*
le cousin/la cousine	*cousin*	le mari	*husband*
le/la descendant/e	*descendant*	le/la petit/e ami/e	*boyfriend/girlfriend*
l'enfant	*child*	le petit-fils/la petite-fille	*grandson/granddaughter*
la femme	*wife*	le visiteur	*visitor*
le fiancé/e	*fiancé/e*		

Vêtements

l'armure (f)	armor	le costume	man's suit
la bague	ring	le polo	polo shirt
les bijoux	jewels	le poncho	poncho
la chemise Lacoste	Izod shirt	le short	shorts

Endroits

le bowling	bowling alley	la forêt	forest
le cabinet de toilette	half bath	l'hôtel (m)	hotel
la campagne	country	les oubliettes (f)	dungeon
la chambre	bedroom, hotel room	la route	road
le château	castle	la salle à manger	dining room
la cuisine	kitchen	la salle de bains	bathroom
le donjon	dungeon	le salon	living room
l'église (f)	church	la ville	city
l'endroit (m)	place		

Noms utiles

la baignoire	bathtub	le grimoire *(rare)*	magician's book
la brosse à dents	toothbrush	le malentendu	misunderstanding
le comportement	behavior	le Moyen Age	Middle Ages
la corne	horn	l'oreille (f)	ear
le dentifrice	toothpaste	le parfum	perfume
les dents (f)	teeth	le papier hygiénique	toilet paper
la gourde	flask	le savon	soap

Verbes

avoir # ans	to be # year(s) old	se brosser les dents	to brush one's teeth
avoir besoin de	to need	se calmer	to calm oneself
avoir envie de	to want, to feel like	se comporter	to behave, conduct oneself
avoir faim	to be hungry	se coucher	to go to bed
avoir honte (de)	to be ashamed (of)	se débrouiller	to manage, to get by
avoir l'air + adjectif	to seem, to appear	se déshabiller	to undress
avoir l'habitude de	to be in the habit of	se laver	to wash oneself
avoir l'intention de	to intend to	se mettre à table	to sit at the table
avoir mal à	to hurt	se moquer	to make fun of
avoir mal au coeur	to feel sick	s'occuper de	to take care of
avoir peur (de)	to be afraid (of)	se sécher	to dry oneself
avoir soif	to be thirsty	se tromper	to mistake
prendre un bain	to take a bath	se trouver	to find oneself, be located

Expressions diverses

A table !	Dinner time !	Ça puire ! *(familier)*	That stinks !
Aie ! / Ouille!	Ow !! / Ouch!	C'est bizarre!	That's strange !
Au dodo !	Bedtime !	C'est dingue ! *(familier)*	It's crazy !
Au secours !	Help !	C'est okay !	It's ok !
BCBG	Preppie (approximation)	Pouah !	Pooh ! Ugh !

Exercices de vocabulaire

A. *Contraires.* Donnez les contraires des adjectifs suivants.

1. laid _____
2. vieux _____
3. sale _____
4. riche _____
5. mauvais _____

6. intelligent _____
7. costaud _____
8. grand _____
9. impoli _____
10. tendu _____

B. *Caricatures.* Donnez deux adjectifs pour décrire les gens suivants.

1. _____ un guerrier
2. _____ un médecin
3. _____ un policier
4. _____ un snob
5. _____ une clocharde
6. _____ un clown
7. _____ un domestique
8. _____ une femme au foyer
9. _____ un magicien
10. _____ une sorcière

C. *Métiers.* Ecrivez les métiers qui correspondent aux descriptions suivantes.

1. _____ Il travaille avec l'argent et il est très riche.
2. _____ Il est employé des postes et il distribue le courrier.
3. _____ Il travaille dans une cathédrale et il fait la messe.
4. _____ Il travaille avec les dents.
5. _____ Il fait la guerre.
6. _____ Il fait du cinéma.

7. _____ Il est membre de la police.

8. _____ Elle pratique la sorcellerie.

9. _____ Il s'occupe des malades.

10. _____ Elle travaille à la maison.

D. **Expressions.** Reliez les expressions suivantes avec les traductions qui conviennent.

_____ 1. C'est une catastrophe !

_____ 2. Allons-y!

_____ 3. Au dodo!

_____ 4. Maîtrise-toi !

_____ 5. Vous me faites hyper mal !

_____ 6. C'est dingue !

_____ 7. Calmez-vous !

_____ 8. Ils ne sont pas nés d'hier !

_____ 9. C'est okay !

_____ 10. Au secours !

A. Calm down !

B. You are really hurting me !

C. It's ok !

D. They weren't born yesterday !

E. It's crazy !

F. Help !

G. Let's go !

H. It's a catastrophe !

I. Control yourself !

J. Bedtime !

E. **Chronologie.** Mettez les phrases en ordre chronologique.

_____ Ensuite, il répare son erreur.

_____ D'abord, il fait une erreur.

_____ Puis, il cherche de l'aide pour corriger son erreur.

_____ A la fin, le chevalier et la femme sont contents.

_____ C'est l'histoire d'un guerrier qui aime une femme.

L'adjectif qualificatif

- Les adjectifs qualificatifs s'accordent en genre et en nombre avec le nom qualifié.
- Le féminin de l'adjectif qualificatif se forme généralement en ajoutant un e à la forme masculine.
- Le pluriel de l'adjectif qualificatif se forme généralement en ajoutant un s à la forme singulière.
- L'adjectif qualificatif suit généralement le nom qualifié.

   Exemple : *Les visiteurs portent des vêtements sales !*

Tableau 1, Les terminaisons masculines et féminines des adjectifs qualificatifs.

Terminaisons		Exemple	
masculin	féminin	masculin	féminin
consonne	-e	génial	géniale
voyelle (sauf e)	-e	tendu	tendue
-e	∅	propre	propre
-é	-e	réservé	réservée
-f	-ve	agressif	agressive
-g	-gue	long	longue
-l	-lle	superficiel	superficielle
-x	-se	courageux	courageuse
-ain	-aine	contemporain	contemporaine
-en	-enne	moyen	moyenne
-on	-onne	bon	bonne
-er	-ère	banquier	banquière
-eur	-euse	moqueur	moqueuse
-teur	-trice	acteur	actrice

Tableau 2, Les terminaisons singulières et plurielles des adjectifs qualificatifs.

Terminaisons		Exemple	
singulier	pluriel	singulier	pluriel
consonne	-s	agressif	agressifs
voyelle	-s	propre	propres
-s	∅	français	français
-x	∅	courageux	courageux
-al	-aux	génial	géniaux
-eau	-eaux	beau	beaux

Pratiquez !

A. *Le féminin*. Donnez les formes féminines des adjectifs suivants.

1. superficiel _____
2. moyen _____
3. joli _____
4. agressif _____
5. mauvais _____

6. gentil _____
7. courageux _____
8. bon _____
9. bizarre _____
10. tendu _____

B. *Le pluriel*. Donnez les formes plurielles des adjectifs suivants.

1. pauvre _____
2. courageux _____
3. impoli _____
4. relaxe _____
5. génial _____

6. vieux _____
7. fragile _____
8. fou _____
9. laid _____
10. nouveau _____

C. *L'accord*. Complétez l'email suivant avec les formes correctes des adjectifs entre parenthèses.

de : jean.luc@lasorbonne.edu
à : jeanpaul@universitédenice.edu
sujet : Françoise

Salut Jean-Paul !

Ma _____ (nouveau) _____ (petit) amie est _____ (génial) ! Elle a les cheveux _____ (long) et _____ (blond) et de _____ (beau) yeux _____ (bleu). Elle n'est pas _____ (grand) ; elle est de taille _____ (moyen). Elle est _____ (relaxe) et _____ (moqueur), mais pas _____ (méchant). C'est une _____ (étudiant) _____ (sérieux) et _____ (travailleur). En fait, c'est la femme _____ (idéal) parce qu'elle est _____ (sportif). Et ta _____ (petit) amie.

Comment est-elle ? Réponds-moi vite ! Jean-Luc

Le comparatif

♦ Le comparatif est employé pour comparer deux ou plusieurs personnes/objets.

♦ Il y a trois sortes de comparatif :

   ▪ supériorité : **plus** + adjectif + **que** + nom / pronom disjoint
   ▪ infériorité : **moins** + adjectif + **que** + nom / pronom disjoint
   ▪ égalité : **aussi** + adjectif + **que** + nom / pronom disjoint

♦ L'adjectif s'accorde en genre et en nombre avec le sujet.

   Exemple : *Le comte est plus âgé que Béatrice. Alors, Béatrice est moins âgée que lui.*

Tableau 3, Les pronoms disjoints

pronom sujet	pronom disjoint	pronom sujet	pronom disjoint
je	moi	nous	nous
tu	toi	vous	vous
il, elle, on	lui, elle, soi	ils, elles	eux, elles

Pratiquez !

A. *Comparaisons*. Complétez les phrases suivantes avec les éléments nécessaires.

   Modèle :   *Les hommes sont __plus__ grands __que__ les femmes.*

1. Mes grands-parents sont _____ âgés _____ mes parents.

2. Les filles sont _____ fortes _____ les garçons, mais elles sont _____ jolies qu'_____.

3. Les enfants sont _____ créatifs _____ leurs parents.

4. Les sorcières sont _____ intelligentes _____ les magiciens.

5. Les guerriers sont _____ riches _____ les rois, mais ils sont _____ courageux _____ eux.

6. Les femmes _____.

7. Les médecins _____.

8. Les acteurs _____.

9. Les policiers _____.

10. Les snobs _____.

Les expressions avec avoir

- Quelques expressions idiomatiques sont employées avec le verbe avoir.
  Exemples : *avoir chaud/froid, avoir faim/soif, avoir raison/tort, etc.*
- L'expression **avoir mal à + l'article défini + une partie du corps** indique la douleur.
  Exemple : *J'ai mal à la tête.*
- L'expression **avoir l'air + l'adjectif au masculin** veut dire *paraître.*
  Exemple : *Elle a l'air fatigué.*
- Les expressions **avoir envie de** et **avoir l'intention de** sont suivies d'un infinitif.
  Exemple : *Nous avons l'intention de regarder ce film.*

Tableau 4, La conjugaison du verbe avoir

avoir			
je/j'	ai	nous	avons
tu	as	vous	avez
il, elle, on	a	ils, elles	ont

Pratiquez !

A. *Expressions*. Complétez les phrases suivantes avec les expressions avec avoir qui conviennent.

avoir # ans	avoir envie de	avoir faim	avoir honte
avoir l'air	avoir l'intention de	avoir mal	avoir mal au cœur
avoir peur	avoir raison	avoir soif	avoir tort

1. Il y a un homme bizarre dans ma chambre, je/j' _____ !

2. Nous mangeons beaucoup parce que nous _____ !

3. Il fait une erreur, il _____.

4. Tu bois beaucoup d'eau ! Tu _____ !

5. Elles vont chez le dentiste parce qu'elles _____ aux dents !

6. Vous êtes né le 14 juillet 1986, vous _____.

7. Je suis malade ! Je/j' _____ !

8. Il y a beaucoup de bruit ! Alors, il _____ aux oreilles !

9. Vous _____ méchant, mais en réalité, vous êtes très gentil !

10. Ce soir, je/j'_____ d'aller voir un film au cinéma !

Les verbes pronominaux

♦ Les verbes pronominaux se conjuguent avec un pronom réfléchi.
♦ Notez la place du pronom réfléchi dans la phrase :
  ▪ A l'affirmatif : sujet **pronom réfléchi** verbe
    Exemple : *Le comte* *se* *lave* *les mains.*
  ▪ Au négatif : sujet **ne** **pronom réfléchi** verbe **pas**
    Exemple : *Le comte* *ne* *se* *lave* *pas les mains.*

Tableau 5, Les pronoms réfléchis

pronoms réfléchis	
me	nous
te	vous
se	se

Tableau 6, La conjugaison du verbe se brosser

se brosser			
je/j'	me brosse	nous	nous brossons
tu	te brosses	vous	vous brossez
il, elle, on	se brosse	ils, elles	se brossent

Pratiquez !

A. Camarades. Complétez l'email suivant avec les formes correctes *des verbes pronominaux* entre parenthèses.

---

de : Marthe@wanadoo.fr
à : Mathilde@club-internet.fr
sujet : Camarades de chambre

Bonjour Marthe !

Je _____ (se présenter). Je _____ (s'appeler) Mathilde.

Voilà une journée typique chez moi : Le matin, je _____ (se lever) à 7h. Mon frère _____ (se réveiller) tard, alors je _____ (se laver) la première. Je _____ (s'habiller) et _____ (se brosser) les dents. Puis, mes parents _____ (se préparer) pour aller au travail. Après le petit déjeuner, nous _____ (s'en aller). Nous passons la journée à l'école. Après les cours, nous _____ (se promener) dans la forêt près de chez nous. Quelquefois, nous _____ (se tromper) de chemin, mais en général, nous _____ (se débrouiller) bien. Nous rentrons à la maison et nous dînons. Ensuite, je _____ (se reposer) devant la télé. Finalement, je _____ (se coucher) vers 11h. Et toi ? Quelle est ta routine quotidienne ? Comment est-ce que tu _____ (s'amuser) ? Raconte-moi tout !

A très bientôt, Mathilde

L'impératif

- L'impératif exprime un ordre, un souhait, une prière.
- Il y a trois formes :
  - 2ᵉ personne du singulier (tu)
  - 2ᵉ personne du pluriel (vous)
  - 1ʳᵉ personne du pluriel (nous)
- Pour former l'impératif, on omet le sujet ou le pronom sujet de la phrase.

  Exemple : L'indicatif : *Vous allez au cinéma.*

  L'impératif : *Allez au cinéma !*

- Pour les verbes en -er, on omet le sujet ou le pronom sujet de la phrase et le s du verbe à la 2ᵉ personne du singulier.

  Exemple : L'indicatif : *Tu regardes le film.*

  L'impératif : *Regarde le film !*

Tableaux 7 - 10, Les conjugaisons à l'impératif affirmatif et négatif

A L'AFFIRMATIF			
	regarder	attendre	finir	se laver
tu	Regarde !	Attends !	Finis !	Lave-toi !
vous	Regardez !	Attendez !	Finissez !	Lavez-vous !
nous	Regardons !	Attendons !	Finissons !	Lavons-nous !

A L'AFFIRMATIF			
	aller	avoir	être	faire
tu	Va !	Aies !	Sois !	Fais !
vous	Allez !	Ayez !	Soyez !	Faites !
nous	Allons !	Ayons !	Soyons !	Faisons !

AU NEGATIF			
	regarder	attendre	finir	se laver
tu	Ne regarde pas !	N'attends pas !	Ne finis pas !	Ne te lave pas !
vous	Ne regardez pas !	N'attendez pas !	Ne finissez pas !	Ne vous lavez pas !
nous	Ne regardons pas !	N'attendons pas !	Ne finissons pas !	Ne nous lavons pas !

AU NEGATIF			
	aller	avoir	être	faire
tu	Ne va pas !	N'aies pas !	Ne sois pas !	Ne fais pas !
vous	N'allez pas !	N'ayez pas !	Ne soyez pas !	Ne faites pas !
nous	N'allons pas !	N'ayons pas !	Ne soyons pas !	Ne faisons pas !

A. Comportement. Comment est-ce qu'il faut se comporter ? Donnez des suggestions pour exprimer comment il faut et il ne faut pas se comporter. Utilisez *l'impératif.*

Modèle :   *Il faut se lever ! (vous)*   **Levez-vous !**   **Ne vous levez pas !**

	A l'affirmatif	Au négatif
1. Il faut regarder le film ! (tu)	_____	_____
2. Il faut aller au cinéma ! (nous)	_____	_____
3. Il faut se calmer ! (vous)	_____	_____
4. Il faut se laver ! (tu)	_____	_____
5. Il faut voler les bijoux ! (nous)	_____	_____
6. Il faut se mettre à table ! (vous)	_____	_____
7. Il faut se brosser les dents ! (tu)	_____	_____
8. Il faut avoir raison ! (nous)	_____	_____
9. Il faut être gentil ! (tu)	_____	_____
10. Il faut faire attention ! (vous)	_____	_____

B. Dîner. Vous avez un grand dîner chez vous. Un/e invité/e vous aide. Donnez des suggestions à votre invité/e. Utilisez *l'impératif.*

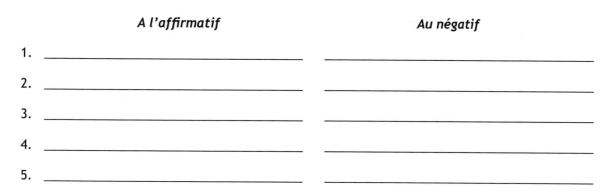

	A l'affirmatif	Au négatif
1.	_____	_____
2.	_____	_____
3.	_____	_____
4.	_____	_____
5.	_____	_____

Mise en pratique

A. *Voyages.* Vous faites un voyage. Votre agent de voyages veut quelques renseignements sur vos préférences. Complétez le formulaire suivant. Puis, écrivez un paragraphe pour résumer vos préférences.

<table>
<tr><td colspan="4" align="center">Vous voyagez...</td></tr>
<tr><td>□ rarement</td><td>□ souvent</td><td>□ beaucoup</td><td>□ autre</td></tr>
<tr><td>□ en automne</td><td>□ en hiver</td><td>□ au printemps</td><td>□ en été</td></tr>
<tr><td>□ 2 - 3 jours</td><td>□ une semaine</td><td>□ plusieurs semaines</td><td>□ autre</td></tr>
<tr><td>□ seul/e</td><td>□ avec des amis</td><td>□ avec votre famille</td><td>□ autre</td></tr>
<tr><td>□ près de chez vous</td><td>□ loin de chez vous</td><td>□ à l'étranger</td><td>□ autre</td></tr>
<tr><td>□ dans les grandes villes</td><td>□ dans les villages</td><td>□ à la campagne</td><td>□ autre</td></tr>
<tr><td>□ pour vous amuser</td><td>□ pour étudier</td><td>□ pour travailler</td><td>□ autre</td></tr>
<tr><td colspan="4" align="center">Vous logez...</td></tr>
<tr><td>□ dans un hôtel bon marché</td><td>□ dans un hôtel de luxe</td><td>□ dans une auberge</td><td></td></tr>
<tr><td>□ dans un château</td><td>□ sous une tente</td><td>□ dans une caravane</td><td>□ autre</td></tr>
<tr><td>□ chez des amis</td><td>□ chez votre famille</td><td>□ autre</td><td></td></tr>
<tr><td colspan="4" align="center">Vous préférez...</td></tr>
<tr><td>□ les climats chauds</td><td>□ les climats froids</td><td>□ les climats tropicaux</td><td>□ autre</td></tr>
<tr><td>□ les activités touristiques</td><td>□ les activités reposantes</td><td>□ les aventures</td><td>□ autre</td></tr>
</table>

En général, j'aime _____

_____

_____

_____

_____

_____

_____

_____

B. *Camarade de chambre.* Votre futur/e camarade de chambre vous écrit un email. Il/elle vous demande de vous décrire. Complétez le tableau suivant avec *les adjectifs qualificatifs et les noms* du vocabulaire qui vous décrivent. Puis écrivez votre email.

Mon Portrait	
Physiquement	
Moralement	
Vêtements	
Domicile	
Etudes	
Autre	

de : _____@_____

à : camaradedechambre@club-internet.fr

sujet : Camarades de chambre

Bonjour mon/ma camarade de chambre !

Je me présente. Je m'appelle _____ et je suis ton/ta futur/e camarade de chambre!

_____

_____

_____

_____

_____

_____

_____

_____

_____

A bientôt ! _____

C. *Contraires.* Vous faites une étude sur des femmes opposées. Complétez le tableau suivant avec *les adjectifs et les noms* du vocabulaire qui décrivent ces femmes. Puis utilisez *le comparatif* pour écrire un paragraphe qui compare une clocharde avec une BCBG.

	UNE CLOCHARDE	UNE BCBG
Physiquement		
Moralement		
Vêtements		
Domicile		
Profession		
Autre		

En général, les clochardes sont … _____

_____

_____

_____

D. *Ville ou campagne ?* Qu'est-ce que vous préférez ? Complétez le tableau suivant avec *les adjectifs et les noms* du vocabulaire qui décrivent les avantages et les inconvénients de la vie en ville et de la vie à la campagne. Puis utilisez *le comparatif* pour écrire un paragraphe qui résume vos préférences.

	avantages	inconvénients
Ville		
Campagne		

Je préfère la vie … _____

_____

_____

_____

E. **_Ça suffit !_** Vous avez un/e invité/e chez vous. Il/elle vous agace. Complétez la lettre suivante. Utilisez *les expressions avec avoir* et *l'impératif* pour exprimer vos sentiments.

Cher/chère _____,

Ecoute ! J'en ai marre ! Ça fait deux semaines que tu m'agaces !

_____

_____

_____

_____

_____

_____

Merci, _____

F. **_Routines._** Un journaliste écrit un article sur l'évolution des routines des jeunes. Ecrivez un paragraphe pour répondre aux questions du journaliste. Utilisez *les verbes pronominaux* dans vos réponses.

Journaliste : D'abord, expliquez-moi comment vous passez votre journée. Qu'est-ce que vous faites le matin ? l'après-midi ? le soir ?

_____

_____

_____

_____

Journaliste : Maintenant, imaginez que c'est le 12ᵉ siècle. Est-ce que vous avez la même routine quotidienne ? Expliquez.

_____

_____

_____

_____

G. *Dîner !* Le même journaliste vous pose des questions sur vos repas. Ecrivez un paragraphe pour répondre à ses questions.

Journaliste : D'abord, imaginez un dîner en famille. Avec qui est-ce que vous mangez ? Où est-ce que vous dînez ? Qu'est-ce que vous mangez ?

_____

_____

_____

_____

_____

_____

Journaliste : Maintenant imaginez que c'est le 12e siècle. Comment est votre dîner ? Expliquez.

_____

_____

_____

_____

_____

_____

H. *Le Moyen Age !* *France 2* présente une émission sur la vie au Moyen Age. 10 Français vont habiter un château du 12e siècle. Vous êtes chargé/e de préparer les gens pour cette nouvelle vie. D'abord, pensez au confort moderne qui existe au 21e siècle et n'existe pas au 12e siècle. Puis, écrivez un paragraphe pour décrire les difficultés qu'ils vont affronter au 12e siècle.

_____

_____

_____

_____

_____

A. *Films*. Vous faites un sondage sur les préférences de vos camarades. D'abord, vous circulez et posez les questions ci-dessous à vos camarades. Puis, vous partagez vos résultats avec eux.

- ◆ Quel genre de film est-ce que vous aimez ?
- ◆ Quel genre de film est-ce que vous détestez ?
- ◆ Quel film est-ce que vous adorez ?
- ◆ Quel film est-ce que vous détestez ?
- ◆ Est-ce que vous allez souvent au cinéma ?
- ◆ Avec qui est-ce que vous allez au cinéma ?
- ◆ Est-ce que vous regardez des cassettes vidéo ou des DVD à la maison ?

B. *Acteurs*. Qui sont vos acteurs ou vos actrices préférés ? Utilisez *les adjectifs et les noms* du vocabulaire pour faire une description d'un/e acteur/actrice. Lisez votre description à vos camarades de classe. Ils devinent qui c'est.

C. *Amour*. Vous avez un nouveau petit ami (une nouvelle petite amie). Votre partenaire joue le rôle de votre meilleur/e ami/e et vous pose des questions pour comparer votre petit/e ami/e avec son/sa petit/e ami/e. Utilisez *le comparatif*.

D. *Débat*. Préférez-vous la campagne ou la ville ? Organisez-vous en deux groupes (pour et contre la vie en ville). Vous avez un débat sur les avantages et les inconvénients de la ville et de la campagne. Qui gagne ?

E. *Vie idéale*. Vous et votre partenaire créez la routine quotidienne idéale. Comment est-ce que vous commencez votre journée ? Comment est-ce que vous passez le matin ? l'après-midi ? le soir ? Comment est-ce que vous terminez votre journée ? Utilisez *les verbes pronominaux*.

F. *Enfants*. Vous faites du baby-sitting. L'enfant n'est pas très sage. Vous lui dites ce qu'il faut faire et ce qu'il ne faut pas faire. Votre partenaire joue le rôle de l'enfant et se dispute avec vous. Utilisez *l'impératif*.

A. *Fiches d'identité.* Complétez les fiches d'identité des personnages suivants.

FICHE D'IDENTITÉ	FICHE D'IDENTITÉ
Nom : de Papincourt	**Nom :** Jacquouille
Prénom : Godefroy	**Prénom :**
AKA : Le comte de Montmirail	**AKA :**
Age :	**Age :**
Domicile :	**Domicile :**
Situation familiale :	**Situation familiale :**
Enfant/s :	**Enfant/s :**
Profession :	**Profession :**
Points forts :	**Points forts :**
Points faibles :	**Points faibles :**
Autre :	**Autre :**

FICHE D'IDENTITÉ	FICHE D'IDENTITÉ
Nom :	**Nom :** Jacquart
Prénom : Béatrice	**Prénom :**
AKA :	**AKA :**
Age :	**Age :**
Domicile :	**Domicile :**
Situation familiale :	**Situation familiale :**
Enfant/s :	**Enfant/s :**
Profession :	**Profession :**
Points forts :	**Points forts :**
Points faibles :	**Points faibles :**
Autre :	**Autre :**

FICHE D'IDENTITÉ	FICHE D'IDENTITÉ
Nom :	**Nom :**
Prénom : Ginette	**Prénom :** Jean-Pierre
AKA :	**AKA :**
Age :	**Age :**
Domicile :	**Domicile :**
Situation familiale :	**Situation familiale :**
Enfant/s :	**Enfant/s :**
Profession :	**Profession :**
Points forts :	**Points forts :**
Points faibles :	**Points faibles :**
Autre :	**Autre :**

B. *Chronologie.* Mettez les phrases suivantes en ordre chronologique.

_____ Ensuite, il assassine le père de sa future femme.

_____ Puis, il cherche et trouve la formule pour revenir dans le temps.

_____ D'abord, il boit une potion hallucinogène.

_____ Après, il essaie de réparer son erreur.

_____ Après, l'homme se trouve au 20ᵉ siècle.

_____ Finalement, il retourne en 1123.

_____ C'est l'histoire d'un homme qui aime une femme.

_____ A la fin, ils se marient et sont contents.

_____ Il cherche l'aide du magicien qui se trompe de formule.

C. *Malentendus ?* Cochez les noms qui correspondent aux malentendus des *Visiteurs.*

_____ les chaussures	_____ les voitures	_____ les vêtements	_____ les avions
_____ l'hygiène	_____ les téléphones	_____ la pollution	_____ l'électricité
_____ la nourriture	_____ les portes	_____ les routes	_____ la télévision
_____ les sonnettes	_____ le dentifrice	_____ les ordinateurs	_____ les médicaments
_____ les chevaux	_____ la radio	_____ les trains	_____ les supermarchés

D. *Vrai ou faux ?* Indiquez si les phrases suivantes sont vraies ou fausses.

1. vrai faux   Les *Visiteurs* viennent de Paris.

2. vrai faux   Les gens du village pensent que les *Visiteurs* sont fous.

3. vrai faux   Béatrice n'a pas peur des *Visiteurs*, mais elle ne veut pas les aider.

4. vrai faux   Béatrice et Jean-Pierre habitent au château de Montmirail.

5. vrai faux   Jacquart travaille à l'hôtel comme serveur. Il est très pauvre.

6. vrai faux   Le banquier a mal à l'oreille.

7. vrai faux   Godrefroy cherche une bague au château de Montmirail.

8. vrai faux   L'encyclopédie *Larousse* n'a pas d'articles sur la vie de Godefroy.

9. vrai faux   Jacquouille ne veut pas retourner au 12ᵉ siècle.

10. vrai faux   Godefroy réussit à réparer son erreur.

E. *Questions à choix multiples.* Choisissez la bonne réponse.

1. Le comte de Montmirail tue _____.

   a. le père du duc   b. le père de Béatrice   c. le père de Frénégonde

2. Le comte de Montmirail va chez _____ pour réparer son erreur.

   a. le magicien   b. la sorcière   c. le prêtre

3. Le magicien oublie _____.

   a. son nom   b. les œufs de caille   c. l'incantation

4. Jacquouille a peur du camion. Il pense que le facteur est _____.

   a. un prêtre   b. un médecin   c. un Sarrasin

5. Le comte vole _____ du restaurant.

   a. les hamburgers   b. les steaks   c. les hots-dogs

6. Jacquouille sonne à la porte de Béatrice avec _____.

   a. une gourde   b. un grimoire   c. une corne

7. Béatrice pense que Godefroy est _____.

   a. cousin Hubert   b. cousin Huppert   c. cousin Hubbard

8. Il faut aller _____ pour trouver la formule pour retourner au 12e siècle.

   a. dans le donjon   b. au sous-sol   c. dans la salle à manger

9. Le château de Montmirail est à _____.

   a. Jacquouille   b. Béatrice   c. Jacquart

10. Godefroy est né en _____.

   a. 1176   b. 1076   c. 1876

F. *Qui est-ce ?* Complétez les phrases suivantes avec *les noms des personnages* qui correspondent aux descriptions suivantes.

1. _____ Elle porte un short bleu et un polo rose. Elle est très gentille.

2. _____ Il porte des costumes brillants. Il est hyper tendu.

3. _____ Il porte des costumes sombres. Il est nerveux.

4. _____ Il découvre l'amour et la liberté au 20e siècle.

5. _____ Il est à l'hôtel pour un séminaire. Il est très riche.

6. _____ Il a peur de Godefroy. Il appelle Béatrice pour qu'elle l'aide.

7. _____ Elle est un peu folle et pense que les *Visiteurs* sont acteurs.

8. _____ Ils ont très peur des *Visiteurs* quand ils se couchent.

9. _____ Il donne des pilules roses à Godefroy pour le calmer.

10. _____ Elle travaille pour le président. Elle est un peu tendue.

G. *Scènes*. Cochez les descriptions qui correspondent aux scènes du film.

_____ Godefroy fête ses victoires aux batailles avec un grand dîner.

_____ Jacquouille vole les bijoux du cadavre.

_____ La sorcière transforme une jeune fille en vieille dame.

_____ Godefroy et Jacquouille attaquent un camion de poste.

_____ Godefroy attaque le prêtre.

_____ Jacquouille fait cuire le gigot d'agneau dans la cheminée.

_____ Godefroy et Jacquouille prient dans le salon chez Béatrice.

_____ Béatrice suit Godefroy dans les oubliettes.

_____ Béatrice trouve le trésor de Montmirail dans les oubliettes.

_____ Béatrice tombe dans les oubliettes. Elle se fait hyper mal et va à l'hôpital.

_____ Jacquouille attrape un chien dans un sac en plastique.

_____ Jacquouille et Ginette annoncent leur futur mariage.

H. *Caricatures*. Reliez les qualités et les défauts suivants aux personnages du film.

_____	1. Godefroy	a. clown	k.	tendu
_____	2. Jacquouille	b. courageux	l.	agressif
_____	3. Béatrice	c. intelligent	m.	gênant
_____	4. Jacquart	d. fou	n.	relaxe
_____	5. le docteur Beauvin	e. superficiel	o.	moqueur
_____	6. Jean-Pierre	f. bête	p.	agréable
_____	7. Ginette	g. matérialiste	q.	bizarre
_____	8. Eusaebius	h. mince	r.	méchant
_____	9. Bernay	i. riche	s.	hystérique
_____	10. Fabienne (la secrétaire)	j. gentil	t.	snob

Exercices de vocabulaire

A. *Famille !* Utilisez *le vocabulaire* pour indiquer les liens de parenté entre les personnages suivants.

1. Le comte de Montmirail est le _____ de Frénégonde.

2. Le duc de Pouille est le _____ de Frénégonde.

3. Le comte de Montmirail est le _____ de Béatrice.

4. Tout le monde pense que le comte de Montmirail est le _____ de Béatrice.

5. Jean-Pierre est le _____ de Béatrice.

6. Béatrice et Jean-Pierre ont deux _____, un _____

   et une _____.

7. Ginette la clocharde est la _____ de Jacquouille.

8. Monsieur Ferdinand est le _____ du magicien Eusaebius.

9. Jacquart est le _____ de Jacquouille.

10. La secrétaire pense que Jacquart est le _____ de Jacquouille.

B. *Métiers.* Que font-ils ? Indiquez *les professions* des personnages suivants.

1. Godefroy est _____ ; il va à la guerre pour le roi.

2. Jacquouille est _____ ; il est au service de Godefroy.

3. Béatrice est _____ ; elle s'occupe de la maison et des enfants.

4. Jean-Pierre est _____ ; il répare les dents.

5. Jacquart est _____ ; il possède et s'occupe de l'hôtel.

6. Eusaebius est _____ ; il prépare des potions magiques.

7. Ginette est _____ ; elle ne travaille pas.

8. M. Bernay est _____ ; il est le président de la banque.

9. Beauvin est _____ ; il s'occupe des malades.

10. Louis VI le gros, est _____ il fait partie de l'aristocratie française.

C. **Détails.** Complétez les phrases suivantes avec *le vocabulaire* qui convient.

1. Godefroy et Jacquouille se sèchent avec _____.

2. Quand les *Visiteurs* laissent couler l'eau dans le _____, il y a une inondation. Alors, Jacquouille utilise son _____ pour sécher le sol.

3. Jacquouille fait mal à l'oreille du président Bernay avec _____.

4. Les *Visiteurs* mangent énormément parce qu'ils ont _____.

5. _____ de Godefroy explose et fait exploser _____ de Jacquart.

6. Jacquouille se débrouille bien au 20e siècle avec l'aide de Ginette. Ils s'amusent aussi ! Par exemple, ils vont au _____ !

7. Godefroy s'habille bien pour le dîner au château. Il porte _____. Jacquouille s'habille bien aussi ! Il porte _____ très à la mode !

8. Jacquouille découvre que _____ est un produit d'hygiène merveilleux.

9. Godefroy apprend que _____ (le livre des magiciens) est complètement détruit.

10. Jacquouille emprisonne Jacquart dans _____ du château parce qu'il ne veut pas retourner au 12e siècle avec Godefroy.

L'adjectif qualificatif

A. Portraits. Décrivez les personnages suivants avec *les adjectifs et les noms* du vocabulaire.

	physiquement	moralement	profession	vêtements
Godefroy				
Jacquouille				
Jacquart				
Béatrice				
Jean-Pierre				
Ginette				

B. Comment sont-ils ? Complétez les phrases suivantes avec *les adjectifs* du vocabulaire qui décrivent les personnages du film.

1. Le comte de Montmirail est _____, mais il n'est pas _____.

2. Jacquouille est quelquefois _____ et toujours _____ !

3. Béatrice est _____, _____ et _____ aussi !

4. Tout le monde trouve Jacquart _____ et _____.

5. Les gens du village pensent que Ginette est _____ et _____.

6. Jean-Pierre n'est pas _____, mais il est _____.

7. Le magicien Eusaebius est _____ et _____.

8. La sorcière est _____ et _____ bien sûr !

9. Le maréchal des logis est _____ et il n'est pas _____.

10. Le docteur Beauvin est _____ et _____.

Le comparatif

A. Comparaisons ! Comparez les personnages suivants en remplissant les tableaux comparatifs. Utilisez les adjectifs et les noms du vocabulaire qui conviennent.

	physiquement	moralement	profession	vêtements
Godefroy				
Jacquouille				
Jacquouille				
Jacquart				
Jacquart				
Béatrice				
Béatrice				
Ginette				

B. Encore des comparaisons ! Utilisez le comparatif et *les adjectifs du film* pour comparer les personnages suivants.

1. Godefroy est _____ _____ _____ Jacquouille.

2. Godefroy est _____ _____ _____ Jacquouille.

3. Godefroy n'est pas _____ _____ _____ Jacquouille.

4. Jacquart est _____ _____ _____ Jacquouille.

5. Jacquart est _____ _____ _____ Jacquouille.

6. Jacquart n'est pas _____ _____ _____ Jacquouille.

7. Béatrice est _____ _____ _____ Jacquart.

8. Béatrice est _____ _____ _____ Jacquart.

9. Béatrice est _____ _____ _____ Ginette.

10. Béatrice est _____ _____ _____ Ginette.

C. *Scènes.* Utilisez *les adjectifs et les noms* du vocabulaire pour décrire les éléments suivants du film.

	12ᵉ siècle	20ᵉ siècle
La forêt		
Le château		
La nourriture		
L'hygiène		
Les transports		
La technologie		

D. *Comment est-ce ?* Utilisez *le comparatif* et *les adjectifs et les noms* du vocabulaire pour comparer les éléments du 12ᵉ et du 20ᵉ siècle.

1. La forêt _____

_____

2. Le château _____

_____

3. La nourriture _____

_____

4. L'hygiène _____

_____

5. Les transports _____

_____

6. La technologie _____

_____

Les expressions avec avoir

A. **_Expressions avec avoir._** Complétez les phrases suivantes avec **_les expressions avec avoir_** qui conviennent.

avoir # ans	avoir besoin de	avoir faim	avoir honte
avoir l'habitude de	avoir l'intention de	avoir mal aux dents	avoir mal au cœur
avoir peur	avoir raison	avoir soif	avoir tort

1. Godefroy _____, alors il boit de l'eau de sa gourde.

2. Godefroy _____ trouver la formule magique pour revenir dans

   le passé.

3. Au 20ᵉ siècle, les *Visiteurs* sont vieux ! Ils _____ !

4. Au début, Béatrice pense que Godefroy est son cousin ; elle _____.

   Puis, elle apprend qu'il est son arrière-arrière-arrière-arrière-grand-père ;

   elle _____.

5. Jacquouille ne/n' _____ pas _____ voyager en voiture ;

   il _____.

6. Godefroy et Jacquouille _____ même après le dîner chez Béatrice !

7. Le président Bernay va chez Jean-Pierre parce qu'il _____.

8. Le pauvre Jacquart _____ son nom. Alors, il change de nom.

9. Les enfants se couchent et Godefroy et Jacquouille leur disent bonne nuit. Les pauvres !

   Ils _____ !

10. Jacquouille ne veut pas retourner avec Godefroy parce qu'il _____

    rester au 20ᵉ siècle.

Les verbes pronominaux

A. **_Les verbes pronominaux._** Utilisez **_les verbes pronominaux_** suivants pour complétez les phrases.

se brosser	_se débrouiller_	_se déshabiller_	_s'habiller_	_se laver_
se mettre	_se moquer_	_s'occuper de_	_se tromper_	_se trouver_

1. Le magicien _____ de formule.

2. Godefroy et Jacquouille _____ propulsés dans le temps.

3. Béatrice _____ Godefroy parce qu'elle pense qu'il est de la famille.

4. Les _Visiteurs_ _____ bien dans les années 1990.

5. Godefroy et Jacquouille _____ les mains dans les toilettes.

6. Jacquouille ne _____ pas à table pour dîner.

7. Godefroy et Jacquouille ne _____ pas avant de prendre un bain.

8. Jacquouille ne _____ pas les dents, alors il a mauvaise haleine.

9. A la fin du film, Jacquouille _____ à la mode des années 1990.

10. A la fin du film, les gens du 12e siècle _____ de Jacquart parce qu'il a l'air idiot.

B. **_La routine._** Que font-ils ? Imaginez une journée typique chez les personnages suivants. Utilisez **_les verbes pronominaux_** pour décrire leurs routines.

1. Frénégonde : _____

_____

_____

2. Béatrice : _____

_____

_____

3. Ginette : _____

_____

_____

4. Godefroy : _____

_____

_____

5. Jacquouille : _____

_____

_____

6. Jacquart : _____

_____

_____

L'impératif

A. *Impératif*. Donnez des suggestions selon le contexte. Utilisez *l'impératif*.

1. Béatrice à Godefroy : bouger, ne...pas _____

2. Béatrice à Godefroy : se calmer _____

3. Béatrice à Godefroy : aller (y) _____

4. Jean-Pierre aux Visiteurs : insister bien sur les pieds _____

5. Béatrice à Jean-Pierre : se maîtriser _____

6. Béatrice à Jean-Pierre : hurler, ne...pas _____

7. Jean-Pierre à Béatrice : venir voir _____

8. Fabienne à Jacquart : chercher un extincteur _____

9. Jacquart aux Visiteurs : ouvrir immédiatement _____

10. Godefroy à Jacquouille : être en retard, ne...pas _____

B. *Ah Jacquouille !* Jacquouille agace Jean-Pierre. Imaginez les ordres et les suggestions de Jean-Pierre. Utilisez *l'impératif*.

	A l'affirmatif	*Au négatif*
1.	_____	_____
2.	_____	_____
3.	_____	_____
4.	_____	_____
5.	_____	_____

A. *Catastrophe !* Les terminaisons de ces adjectifs sont mélangées. Récrivez les adjectifs avec les bonnes terminaisons.

1. agressique   _____

2. costien   _____

3. tendeau   _____

4. supérficif   _____

5. genteau   _____

6. matérialique   _____

7. nouveux   _____

8. mauvien   _____

9. agaciel   _____

10. bizon   _____

B. *Qui dit ça ?* Choisissez les personnages qui énoncent les expressions suivantes.

1. C'est dingue !	**Béatrice**	**Jacquouille**	**Godefroy**
2. C'est une catastrophe !	**Godefroy**	**Jean-Pierre**	**Eusaebius**
3. C'est okay !	**Jacquouille**	**Ginette**	**M. Bernay**
4. Qu'est-ce que c'est ce Binz ?	**Jacquart**	**Jacquouille**	**Jean-Pierre**
5. Montjoie ! Saint-Denis !	**Jean-Pierre**	**Godefroy**	**le maréchal**
6. Maman, il y a des clochards dans le salon !	**l'enfant**	**les clochards**	**les policiers**
7. Que trépasse si je faiblis !	**Eusaeubius**	**Jacquouille**	**Godefroy**
8. Jour-nuit-jour-nuit-jour-nuit... !	**Jacquart**	**Jacquouille**	**les enfants**
9. Ciao-ao !	**Ginette**	**Jacquouille**	**Béatrice**
10. Il pue des pieds, c'est une infection !	**Jacquart**	**Ginette**	**Jean-Pierre**
11. Jean-Pierre ! Tu deviens parano... !	**Béatrice**	**Jacquouille**	**Jean-Pierre**
12. Qu'est-ce donc cette diablerie ?	**Jacquart**	**Jacquouille**	**Godefroy**
13. Vive la Révolution !	**Ginette**	**Jacquouille**	**Béatrice**
14. Je viens simplement de très très loin.	**Ginette**	**Godefroy**	**Bernay**
15. J'ai vu une grosse bête !	**Béatrice**	**Frénégonde**	**Godefroy**

C. *Mots cachés.* Trouvez les mots cachés ! Indice : Les mots se trouvent dans tous les sens.

Mots à trouver...

BCBG
BIZARRE
CATASTROPHE
CHATEAU
CHEVALIER
CLOCHARDE
DENTISTE
DESCENDANT
DINGUE
FACTEUR
MAGICIEN
OKAY
PRETRE
RICHE
ROI
SNOB
SORCIERE
TENDU
TOILETTE
VISITEURS

C	D	E	A	N	S	O	I	E	T	U	D	N	E	T
C	E	E	S	T	O	I	L	E	T	T	E	E	T	A
A	C	N	S	A	E	R	T	E	R	P	D	T	E	U
T	H	T	A	C	H	E	V	A	L	I	E	R	U	X
A	I	E	O	O	E	A	A	B	I	O	N	U	L	L
S	R	S	O	F	G	N	L	E	O	I	T	X	V	C
T	I	O	K	Y	A	I	D	U	S	N	I	I	O	L
R	C	R	O	Y	Z	C	C	A	R	R	S	N	B	O
O	B	C	B	G	N	E	T	I	N	I	T	A	H	C
P	D	I	N	G	U	E	S	E	T	T	E	U	R	H
H	I	E	Y	V	I	S	T	E	U	N	E	U	R	A
E	R	R	A	Z	I	B	U	I	O	R	U	I	D	R
P	R	E	K	A	Y	R	E	U	R	S	I	R	O	D
L	E	T	O	B	S	N	U	A	E	T	A	H	C	E
Y	A	S	N	E	I	C	I	G	A	M	E	T	I	S

Mise en pratique

A. *En général*. Répondez aux questions suivantes. Ecrivez deux ou trois phrases.

1. Pourquoi est-ce que Jacquouille a peur de traverser la forêt au début du film ?

   _____

   _____

   _____

2. Qu'est-ce que le magicien oublie quand il prépare la potion magique ? Quel est le résultat ?

   _____

   _____

   _____

3. Godefroy va à l'église. Pourquoi est-ce que le prêtre téléphone à Béatrice ? Pourquoi est-ce que Béatrice veut aider Godefroy ?

   _____

   _____

   _____

4. Pourquoi est-ce que le mari de Béatrice n'aime pas Godefroy ?

   _____

   _____

   _____

5. Est-ce que le château de Montmirail appartient aux descendants de Godefroy ? Expliquez.

   _____

   _____

   _____

6. Pourquoi est-ce que Godefroy critique la maison de Béatrice ?

   _____

   _____

   _____

7. Pourquoi est-ce que Godefroy pense qu'on va continuer à manger pendant le dîner chez Béatrice ?

_____

_____

_____

8. Pourquoi est-ce que Jacquart change de nom ?

_____

_____

_____

9. Pourquoi est-ce que Godefroy va à l'hôtel ? Qu'est-ce qu'il cherche ?

_____

_____

_____

10. Qu'est-ce qui se passe pendant que Godefroy, Jacquouille et Béatrice vont au château ?

_____

_____

_____

11. Qui est-ce que Jacquouille aime ? Pourquoi ?

_____

_____

_____

12. Est-ce que Godefroy réussit à la fin du film ? Expliquez.

_____

_____

_____

Communication

A. *Portraits*. Choisissez un personnage du film. Faites son portrait physique et moral. Lisez votre description à votre classe. Vos camarades de classe devinent le nom du personnage.

B. *Contraires*. Faites une description de chaque personnage principal. Votre partenaire est de mauvaise humeur et trouve votre description idiote. Il/elle fait la description opposée.

C. *Routine*. Vous imaginez les habitudes de Godefroy et de Jacquouille au 12e siècle. Votre partenaire décrit leurs routines quotidiennes au 20e siècle.

D. *Amour !* Jouez une scène entre Ginette et Jacquouille. Quels ordres ou quelles suggestions est-ce qu'ils se donnent ?

E. *Pour ou contre ?* Est-ce que vous aimez le film ? Complétez le tableau suivant, puis présentez vos opinions à vos camarades de classe.

Les Visiteurs un film de Jean-Marie Poiré			
L'intrigue	□ très bien	□ moyen	□ sans intérêt particulier
Le décor	□ très bien	□ moyen	□ sans intérêt particulier
Les costumes	□ très bien	□ moyen	□ sans intérêt particulier
Les effets spéciaux	□ très bien	□ moyen	□ sans intérêt particulier
Les personnages	□ très bien	□ moyen	□ sans intérêt particulier
Les acteurs	□ très bien	□ moyen	□ sans intérêt particulier
Le film en général	□ très bien	□ moyen	□ sans intérêt particulier

Photos

A. **Détails**. Regardez la photo et cochez les bonnes réponses.

Situation dans le film :			
□ début	□ milieu	□ fin	□ autre
Epoque :			
□ 12e siècle	□ 20e siècle	□ autre	
Lieu :			
□ la campagne	□ la ville	□ autre _____	
□ l'extérieur	□ l'intérieur	□ autre _____	
□ le château	□ la maison	□ autre _____	
Personnages :			
_____		_____	
Musique :			
□ de la musique classique	□ du jazz	□ du rock	□ autre

B. *En général*. Répondez aux questions suivantes. Ecrivez deux ou trois phrases.

1. Qu'est-ce qui se passe ? Faites une petite description de la photo.

    _____

    _____

    _____

    _____

    _____

2. Le personnage à gauche a l'air _____ parce qu'il...

    _____

    _____

3. Le personnage à droite a l'air _____ parce qu'il...

    _____

    _____

4. Le camion de la Poste est démoli parce que les deux personnages dans l'image...

    _____

    _____

    _____

    _____

5. Comment est le paysage ?

    _____

    _____

    _____

    _____

C. *Aller plus loin.* Ecrivez un paragraphe pour répondre aux questions suivantes.

1. *Scènes.* Qu'est-ce qui se passe avant la scène ? pendant la scène ? Après la scène ?

Avant _____

_____

_____

Pendant _____

_____

_____

Après _____

_____

_____

2. Malentendus. Quel est le malentendu ? Est-ce que ce malentendu est représentatif d'autres malentendus du film ? Expliquez.

_____

_____

_____

_____

_____

3. *Sentiments.* Comment est-ce que les personnages se sentent ? Expliquez.

_____

_____

_____

_____

_____

4. *Vêtements.* Pourquoi est-ce que les deux personnages sont habillés comme ça ?

_____

_____

_____

_____

_____

5. *Scènes.* Est-ce que cette scène est une scène importante du film ? Expliquez.

_____

_____

_____

_____

_____

A. *Détails*. Regardez l'image et cochez les bonnes réponses.

Situation dans le film :

□ début □ milieu □ fin

Epoque :

□ 12ᵉ siècle □ 20ᵉ siècle

Lieu :

□ le château □ la maison □ autre_____
□ le cabinet de toilette □ la salle à manger □ la salle de bains

Personnages :

_____ _____

B. **En général.** Répondez aux questions suivantes. Ecrivez deux ou trois phrases.

1. Qu'est-ce qui se passe ? Faites une petite description de la photo.

_____

_____

_____

_____

_____

2. Le personnage à gauche a l'air _____ parce qu'il…

_____

_____

3. Le personnage à droite a l'air _____ parce qu'il…

_____

_____

4. Comment est la salle de bain ?

_____

_____

_____

_____

5. Qu'est-ce qui est bizarre dans cette scène ? Pourquoi ?

_____

_____

_____

_____

C. *Aller plus loin.* Ecrivez un paragraphe pour répondre aux questions suivantes.

1. *Scènes.* Qu'est-ce qui se passe avant cette scène ? Pendant la scène ? Après la scène ?

Avant _____

_____

_____

Pendant _____

_____

_____

Après _____

_____

_____

2. *Malentendus.* Quel est le malentendu ? Est-ce que ce malentendu est représentatif d'autres malentendus du film ? Expliquez.

_____

_____

_____

_____

_____

3. *Pensées.* A quoi est-ce que les personnages pensent ? Expliquez.

Le personnage à gauche

_____

_____

_____

_____

_____

Le personnage à droite

_____

_____

_____

_____

_____

4. *Chez vous.* Imaginez que cette scène se passe chez vous. Comment est-ce que vous réagissez ?

_____

_____

_____

_____

_____

5. *Scènes.* Est-ce que cette scène est une scène importante du film ? Expliquez.

_____

_____

_____

_____

_____

Lecture

Jean-Baptiste Bourgeois critique le film *Les Visiteurs*. Lisez sa critique et répondez aux questions qui suivent.

Les Visiteurs
une critique de J.B. Bourgeois

Je viens de voir le film, *Les Visiteurs*. Les Français sont fous de ce film ! En fait, c'est le meilleur film français de 1993. Moi, je ne suis pas du tout d'accord: « Quelle catastrophe ! »

Par où commencer ? D'abord, le scénario n'est ni créatif ni original. A mon avis, le scénario ressemble trop aux films de Monty Python. Mais il n'est pas aussi bon !

Je me demande s'il y a une intrigue. Le film commence en 1123. Empoisonné par une sorcière, un comte tue le père de sa fiancée. Pour réparer son erreur, il va chez le magicien. Le magicien se trompe de formule et le comte et son domestique sont projetés au 20e siècle. Les *Visiteurs* ne s'adaptent pas facilement au 20e siècle ce qui provoque des problèmes et des malentendus. Malgré des situations comiques, les scènes restent très banales. Le scénariste développe seulement les différences d'hygiène et de nourriture. Il ignore d'autres situations plus comiques. L'intrigue n'est qu'une série de mini-scènes humoristiques plutôt idiotes.

Est-ce qu'il y a des effets spéciaux dans le film ? Je ne pense pas. Ou peut-être je dormais pendant ces scènes !

Parlons des personnages. Je trouve que les personnages ne sont pas bien développés. Ce sont des clichés. Le scénariste se moque des pauvres, des riches, des médecins, des policiers, ... bref, de tout le monde ! Je pense que ces caricatures sont exagérées et méchantes ! En plus, elles sont de mauvais goût.

Quant aux acteurs, c'est aussi une catastrophe ! Je suis fan de Jean Reno. Je vois tous ses films et tout le monde sait que c'est un acteur doué ! Mais pourquoi est-ce qu'il a choisi ce rôle ? C'est un rôle débile ! Et Clavier ? Il joue (mal) le clown et c'est un échec. Finalement, il y a Valérie Lemercier. Avant de voir le film, j'avais beaucoup de respect pour Lemercier. Mais, maintenant, je ne peux pas la supporter. Elle m'agace !

En somme, je ne comprends pas pourquoi tout le monde adore ce film. Bien sûr, nous sommes une société de consommation. Il faut gagner autant d'argent que possible. Qu'est-ce qui se vend bien ? Ce qui ne nous demande pas d'effort comme ce film. C'est vrai que nous sommes contents de passer deux heures dans une salle de cinéma sans penser, sans réfléchir. C'est dommage. Il va y avoir un deuxième film avec nos fameux *Visiteurs*, et je me demande : est-ce que l'on peut faire quelque chose de plus bête encore ?

A. *Vrai ou Faux ?* Déterminez si les phrases sont vraies ou fausses.

1. vrai   faux   Jean-Baptiste aime beaucoup le film *Les Visiteurs*.

2. vrai   faux   Il trouve que les caricatures sont très méchantes.

3. vrai   faux   Il aime beaucoup les scènes comiques du film.

4. vrai   faux   Il fait référence aux films de Monty Python.

5. vrai   faux   Il pense que les acteurs du film ont du talent.

B. *En général.* Répondez aux questions suivantes. Ecrivez deux ou trois phrases.

1. Qu'est-ce que Jean-Baptiste pense du scénario ? Pourquoi ?

   _____

   _____

   _____

   _____

2. Pourquoi est-ce qu'il n'aime pas les personnages du film ?

   _____

   _____

   _____

   _____

3. Est-ce qu'il a toujours du respect pour ses acteurs préférés ? Expliquez.

   _____

   _____

   _____

   _____

4. Comment est-ce qu'il explique la réussite du film ?

   _____

   _____

   _____

   _____

5. Est-ce qu'il a va voir « *Les Visiteurs 2* » ? Pourquoi ou pourquoi pas ?

   _____

   _____

   _____

   _____

❑ ❑

Compréhension générale

A. *Langage.* Reliez les phrases suivantes avec les équivalents en langage familier.

_____	1.	Est-ce que tu as un polaroid ?	A. C'est okay !
_____	2.	C'est drôle !	B. Ça puire !
_____	3.	C'est étrange !	C. Ça fait hyper mal !
_____	4.	J'ai très peur !	D. C'est dingue !
_____	5.	Il n'y a pas de problème.	E. Au dodo !
_____	6.	Tu es un peu hystérique.	F. J'ai la trouille !
_____	7.	Ça fait très mal !	G. Le proprio adore sa bagnole.
_____	8.	Ça sent mauvais.	H. C'est bizarre !
_____	9.	Le propriétaire adore sa voiture.	I. T'es un peu hystéro !
_____	10.	Couchez-vous !	J. T'as un pola ?

B. *Culture populaire.* Cochez les noms qui correspondent aux éléments culturels du film.

_____ la musique	_____ l'éducation	_____ la politique	_____ la religion
_____ les transports	_____ la technologie	_____ le langage	_____ la nourriture
_____ le confort moderne	_____ les loisirs	_____ les sports	_____ la télévision
_____ les métiers	_____ les voyages	_____ la mode	_____ le comportement
_____ les classes sociales	_____ le cinéma	_____ la famille	_____ l'environnement

---

C. *D'accord ou pas d'accord ?* Indiquez si vous êtes d'accord ou si vous n'êtes pas d'accord avec les phrases suivantes. Expliquez votre choix.

1. Les Visiteurs est un film qui représente bien la culture française contemporaine.

   d'accord   pas d'accord   _____

   _____

   _____

2. Le film représente bien la culture française du Moyen Age.

   d'accord   pas d'accord   _____

   _____

   _____

3. Le film est fidèle à l'histoire de France.

   d'accord   pas d'accord   _____

   _____

   _____

4. Les personnages représentent bien certaines classes sociales françaises.

   d'accord   pas d'accord   _____

   _____

   _____

5. Les personnages sont trop stéréotypés.

   d'accord   pas d'accord   _____

   _____

   _____

6. Le film utilise un langage contemporain et à la mode. _____

   d'accord   pas d'accord   _____

   _____

   _____

7. Les modes des années 90 et du Moyen Age sont mal représentées dans le film.

   d'accord   pas d'accord   _____

   _____

   _____

Mise en pratique

A. **En général**. Répondez aux questions suivantes. Ecrivez deux ou trois phrases.

1. Quelles classes sociales sont représentées dans le film ? Citez un personnage qui correspond à chaque classe sociale.

   _____

   _____

   _____

   _____

2. Est-ce qu'il est possible de classer les gens selon les vêtements qu'ils portent ? Expliquez et citez des exemples du film.

   _____

   _____

   _____

   _____

3. Est-ce qu'il est possible de classer les gens selon où ils habitent ? Expliquez et citez des exemples du film.

   _____

   _____

   _____

   _____

4. Est-ce qu'il est possible de classer les gens selon leurs métiers ? Expliquez et citez des exemples du film.

   _____

   _____

   _____

   _____

5. Est-ce que le film a une valeur culturelle ? Expliquez.

_____

_____

_____

_____

Recherches

A. *Vive les vacances !* Vous faites une brochure sur Montmirail. Complétez les rubriques suivantes.

- ◆ Population
- ◆ Géographie
- ◆ Climat
- ◆ Hébergement
- ◆ Restauration
- ◆ Activités touristiques
- ◆ Musées et monuments

http://mairie.wanadoo.fr/mairie.montmirail/
www.tourisme.fr/office-de-tourisme/montmirail.htm

B. *Châteaux.* Les châteaux jouent un rôle important dans l'histoire de France. Aujourd'hui, les châteaux sont des musées, des sites historiques, des maisons particulière(familier)s, des hôtels ou des ruines. Expliquez l'histoire des châteaux et leur évolution : des forteresses du Moyen Age à leur statut aujourd'hui.

www.castlesontheweb.com
www.châteaux-france.com
www.châteauxloire.com
www.monum.fr

C. Vive la révolution ! Comment est-ce que la Révolution française a changé la vie des Français ? Faites des recherches sur : les dates et les raisons pour la Révolution ; les personnages principaux ; les droits de l'homme avant et après la révolution ; ce que Révolution a changé.

www.ambafrance-us.org
www.culture.fr
www.france-pittoresque.com
www.frenchculture.org

www.paris-touristoffice.com
www.revolution1789.free.fr
http://thot.cursus.edu - moyen âge

D. Confort moderne. Le Moyen Age est très différent du 21e siècle en ce qui concerne le confort moderne. Qu'est-ce qui a changé pour les gens au cours des siècles ? Est-ce que la vie est plus facile aujourd'hui ? Comment est-ce que le confort moderne rend la vie plus facile ? Faites des recherches pour comparer le 12e siècle avec le 21e siècle.

www.ambafrance-us.org
www.culture.fr
www.francebalade.com
www.frenchculture.org
www.historylink101.com
www.mideval.htm

E. Cinéma. Les acteurs du film « Les Visiteurs » sont connus. Cherchez-les sur l'Internet et préparez une fiche d'identité pour chaque personnage principal.

www.allocine.com	www.ifrance.com/icine/
www.biosstars.com	www.imdb.com
www.canalstars.com	www.monsieurcinema.com
www.cinemovie.fr	www.worldcinemag.com
www.ecrannoir.fr	www.yahoo.fr

Fiche d'identité

Biographie

Nom :
Prénom :
Nationalité :
Date de naissance :
Lieu de naissance :
Situation de famille :
Lieu de résidence :
Autres professions :
Loisirs :

Filmographie

Césars

Théâtre

Télévision

Ecrivez-lui !

Adresse :

Lexique : français/anglais

❑ ❑

Vocabulaire du cinéma

Les genres de films

un film	*a movie*	un drame	*a drama*
une comédie	*a comedy*	un film d'action	*an action film*
une comédie romantique	*a romantic comedy*	un film d'aventures	*an adventure film*
un documentaire	*a documentary*	un western	*a Western*

Les gens du cinéma

un/e acteur/trice	*an actor/an actress*	un/e réalisateur/trice	*a director*
un héros/une héroïne	*a hero/ a heroine*	un rôle	*a role*
un metteur en scène	*a director*	un rôle principal	*a starring role*
un personnage	*a character*	un/une scénariste	*a screenwriter*
un personnage principal	*a main character*	un/e spectateur/trice	*a viewer*
un personnage secondaire	*a supporting character*	une vedette	*a star (m/f)*

Pour parler des films

les accessoires	*props*	le film à succès	*box office hit*
la bande sonore	*sound track*	l'intrigue (f)	*plot*
le bruitage	*sound effects*	le montage	*the editing*
la caméra	*camera*	la musique de film	*the music score*
la cassette vidéo	*video*	le scénario	*screenplay*
le costume	*costume*	la scène	*scene*
le décor	*background*	le son	*sound*
le DVD	*DVD*	les sous-titres	*subtitles*
l'échec (m)	*flop, failure*	tourner un film	*to shoot a film*
les effets spéciaux	*special effects*	produire un film	*to produce a film*

Pour écrire

J'admire…	*I admire…*	d'ailleurs	*in any case*
J'aime… / je n'aime pas…	*I like…/ I don't like…*	enfin	*finally*
J'apprécie…	*I appreciate, enjoy*	ensuite	*then, next*
Je déteste…	*I hate…*	en tout cas	*in any case*
Je préfère…	*I prefer*	finalement	*finally*
Je pense que…	*I think that…*	franchement	*frankly*
à la fin	*at the end*	mal	*poorly, badly*
à mon avis	*in my opinion*	pendant que	*while*
afin de	*in order to*	peu	*little*
après	*after*	premièrement	*firstly*
alors	*so*	quelquefois	*sometimes*
au début	*in the beginning*	souvent	*often*
beaucoup	*a lot*	toujours	*always*
bien	*well*	trop	*too much*
d'abord	*first*	vraiment	*really*

Vocabulaire du film

Adjectifs

agaçant/e	*annoying*	joli/e	*pretty*
agréable	*pleasant, likable*	laid/e	*ugly*
agressif/ve	*agressive*	matérialiste	*materialistic*
amnésique	*amnesic*	mauvais/e	*bad*
ancien/ne	*ancient*	méchant/e	*mean*
banal/e	*banal, trite*	mince	*thin*
bête	*stupid*	moche	*ugly, awful*
bizarre	*strange*	moqueur/se	*mocking*
bon/ne	*good*	moyen/ne	*average, middle*
copieux/se	*plentiful, substantial*	neuf/ve	*new (brand new)*
costaud/e	*big, stocky*	nouveau/nouvelle	*new (different)*
courageux/se	*courageous*	patient/e	*patient*
débile	*dumb, idiotic*	pauvre	*poor*
ennuyeux/se	*boring*	petit/e	*short, small*
fou/folle	*crazy*	poli/e	*polite*
fragile	*fragile*	précieux/se	*affected*
fripouille	*rogue*	propre	*clean*
gênant/e	*annoying, embarrassing*	relaxe	*easy-going*
génial/e	*great*	riche	*rich*
gentil/le	*nice*	rigolo/te	*funny*
grand/e	*tall, big*	sale	*dirty*
hystérique	*hysterical*	sénile	*senile*
idiot/e	*idiotic*	snob	*snob*
impoli/e	*impolite, rude*	soulagé/e	*relieved*
indulgent/e	*indulgent*	superficiel/le	*superficial*
intelligent/e	*intelligent*	tendu/e	*tense, uptight*
jeune	*young*	vieux/vieille	*old*

Métiers

un banquier	*a banker*	un guerrier	*a warrior*
un boxeur	*a boxer*	un magicien	*a magician*
un cascadeur	*a stuntman*	un médecin	*a doctor*
un catcheur	*a wrestler*	un policier	*a policeman*
un chevalier	*a knight*	un prêtre	*a priest*
un clochard	*a bum*	un président	*a president*
un dentiste	*a dentist*	un propriétaire	*an owner*
un domestique	*a servant, squire*	un raté	*a failure*
un duc	*a duke*	un roi	*a king*
un écuyer	*a vassal (sens au Moyen Age)*	une sorcière	*a witch*
un facteur	*a mailman*	une vedette de la télé	*a television star*
une femme au foyer	*a housewife*	un voleur	*a thief*

Famille/Amis

l'ami/l'amie	friend	le fils/la fille	son/daughter
l'arrière-grand-père	great grandfather	le gueux/la gueuse (rare)	beggar, tramp
le/la cousin/e	cousin	l'invité/e	guest
le/la descendant/e	descendant	le mari	husband
l'enfant	child	les mômes (familier)	kids
la femme	wife	le/la petit/e ami/e	boyfriend/girlfriend
le/la fiancé/e	fiancé	le petit-fils/la petite-fille	grandson/granddaughter
la fillette	little girl	le visiteur	visitor
la gonzesse (familier)	woman, broad		

Vêtements

l'armure (f)	armor	les guenilles (f)	rags
la bague	ring	la jupe	skirt
les bijoux (m)	jewels	le pantalon	pants
les chaussures (f)	shoes	le polo	polo shirt
la chemise Lacoste	Izod shirt	le poncho	poncho
le costume	man's suit	le short	shorts
les fringues (f) (familier)	clothes	la veste	suit jacket

Endroits

la baraque (familier)	house	l'endroit (m)	place
la barrière	fence	la forêt	forest
le bowling	bowling alley	le front	forehead
le cabinet	office	l'hôtel (m)	hotel
le cabinet de toilette	half bath	le jardin	garden
la campagne	country	les oubliettes (f)	dungeon
la chambre	bedroom, hotel room	la route	road
la chapelle	chapel	la rue	street
le château	castle	la salle à manger	dining room
le couloir	hall	la salle de bains	bathroom
la cuisine	kitchen	le salon	living room
le donjon	dungeon	le village	village
l'église (f)	church	la ville	city

Noms utiles

la baignoire	bathtub	le lavabo	bathroom sink
la bagnole (familier)	car	le malentendu	misunderstanding
(50) balles (familier)	(fifty) bucks	le Moyen Age	Middle Ages
la bouffe (familier)	food	le nez	nose
la brosse à dents	toothbrush	l'oreille (f)	ear
le chariot	chariot	le parfum	perfume
le comportement	behavior	le papier hygiénique	toilet paper
la corne	horn	les pieds (m)	feet
le dentifrice	toothpaste	le savon	soap
les dents (f)	teeth	la torche	torch
la gourde	flask	le ventre	stomach
le grimoire (rare)	magician's book	la voiture	car
la lampe électrique	flashlight	le visage	face

Verbes

avoir # ans	to be # year(s) old	prendre un bain	to take a bath
avoir besoin de	to need	s'appeler	to be named
avoir chaud	to be hot	s'arrêter	to stop oneself
avoir envie de	to want, to feel like	se brosser les dents	to brush one's teeth
avoir faim	to be hungry	se calmer	to calm oneself
avoir froid	to be cold	se comporter	to behave, conduct oneself
avoir honte (de)	to be ashamed (of)	se coucher	to go to bed
avoir l'air + adjectif	to seem, to appear	se débrouiller	to manage, to get by
avoir l'habitude de	to be in the habit of	se dépêcher	to hurry
avoir l'intention de	to intend to	se déshabiller	to undress
avoir lieu	to take place	se disputer	to fight
avoir mal à	to hurt	s'en aller	to go (away)
avoir mal au coeur	to feel sick	s'énerver	to get mad
avoir peur (de)	to be afraid (of)	s'habiller	to get dressed, to wear
avoir raison	to be right	s'impatienter	to get impatient
avoir soif	to be thirsty	se laver	to wash oneself
avoir sommeil	to be sleepy	se mettre à table	to sit at the table
avoir tort	to be wrong	se moquer de	to mock, make fun of
en avoir marre	to be fed up	s'occuper de	to take care of
boire	to drink	se reposer	to relax
bouffer *(familier)*	to eat	se réveiller	to wake up
dîner	to eat dinner, to dine	se sécher	to dry oneself
faire une gaffe	to make a mistake	se tromper	to mistake
mettre le couvert	to set the table	se trouver	to find oneself, be located
piquer *(familier)*	to steal	voler	to steal

Expressions diverses

A table !	Dinner time !	C'est okay !	It's ok !
A tout ! *(familier)*	See ya !	Ciao-ao!	Bye-ye!
Aie ! / Ouille!	Ow ! / Ouch !	en avoir ras le bol *(fam.)*	to be fed up
Au dodo ! *(familier)*	Bedtime !	et patati et patata	and blah, blah, blah
Au secours !	Help !	hyper	really
avoir la trouille *(familier)*	to be scared to death	Pouah !	Pooh ! Ugh !
BCBG	Preppie (approximation)	Que trépasse si je faiblis !	Shall I die if I weaken !
Ça puire! *(familier)*	That stinks !	qui ne risque rien n'a	nothing ventured
Certes !	Indeed !	rien	nothing gained
C'est dingue ! *(familier)*	It's crazy !		

□ □

Vocabulaire du cinéma

Les genres de films

action film	un film d'action	drama	un drame
adventure film	un film d'aventures	movie	un film
comedy	une comédie	romantic comedy	une comédie romantique
documentary	un documentaire	Western	un western

Les gens du cinéma

actor/ actress	un/e acteur/trice	role	un rôle
character	un personnage	screenwriter	un/une scénariste
director	un metteur en scène	star (m/f)	une vedette
director	un/e réalisateur/trice	starring role	un rôle principal
hero/heroine	un héros/une héroïne	supporting character	un personnage secondaire
main character	un personnage principal	viewer	un spectateur

Pour parler des films

background	le décor	sound	le son
box office hit	le film à succès	sound effects	le bruitage
camera	la caméra	sound track	la bande sonore
costume	le costume	special effects	les effets spéciaux
DVD	le DVD	subtitles	les sous-titres
flop, failure	l'échec	the editing	le montage
plot	l'intrigue	the music score	la musique de film
props	les accessoires	to produce a film	produire un film
scene	la scène	to shoot a film	tourner un film
screenplay	le scénario	video	la cassette vidéo

Pour écrire

a lot	beaucoup	in any case	d'ailleurs
after	après	in my opinion	à mon avis
always	toujours	in order to	afin de
at the end	à la fin	in the beginning	au début
finally	enfin	little	peu
finally	finalement	often	souvent
first	d'abord	poorly, badly	mal
firstly	premièrement	really	vraiment
frankly	franchement	so	alors
I admire...	J'admire...	sometimes	quelquefois
I appreciate, enjoy	J'apprécie...	then	puis
I hate...	Je déteste...	then, next	ensuite
I like.../ I don't like...	J'aime.../je n'aime pas...	too much	trop
I prefer...	Je préfère...	very	très
I think that...	Je pense que...	well	bien
in any case	en tout cas	while	pendant que

Vocabulaire du film

Adjectifs

affected	précieux/se	mean	méchant/e
agressive	agressif/ve	mocking	moqueur/se
amnesic	amnésique	new (different)	nouveau/nouvelle
ancient	ancien/ne	new (brand new)	neuf/ve
annoying	agaçant/e	nice	gentil/le
annoying, embarrassing	gênant/e	old	vieux/vieille
average, middle	moyen/ne	patient	patient/e
bad	mauvais/e	pleasant, likable	agréable
banal, trite	banal/e	plentiful, substantial	copieux/se
big, stocky	costaud/e	polite	poli/e
boring	ennuyeux/se	poor	pauvre
clean	propre	pretty	joli/e
courageous	courageux/se	relieved	soulagé/e
crazy	fou/folle	rich	riche
dirty	sale	rogue	fripouille
dumb, idiotic	débile	senile	sénile
easy-going	relaxe	short, small	petit/e
fragile	fragile	snob	snob
funny	rigolo/te	strange	bizarre
good	bon/ne	stupid	bête
great	génial/e	superficial	superficiel/le
hysterical	hystérique	tall, big	grand/e
idiotic	idiot/e	tense, uptight	tendu/e
impolite, rude	impoli/e	thin	mince
indulgent	indulgent/e	ugly	laid/e
intelligent	intelligent/e	ugly, awful	moche
materialistic	matérialiste	young	jeune

Métiers

banker	un banquier	owner	un propriétaire
boxer	un boxeur	policeman	un policier
bum	un clochard	president	un président
dentist	un dentiste	priest	un prêtre
doctor	un médecin	servant, squire	un domestique
duke	un duc	stuntman	un cascadeur
failure	un raté	television star	une vedette de la télé
housewife	une femme au foyer	thief	un voleur
king	un roi	vassal	un écuyer (sens - Moyen Age)
knight	un chevalier	warrior	un guerrier
magician	un magicien	witch	une sorcière
mailman	un facteur	wrestler	un catcheur

Famille/Amis

beggar, tramp	le gueux/la gueuse	guest	l'invité/e
boyfriendgirlfriend	le/la petit/e ami/e	husband	le mari
child	l'enfant	kids	les mômes (familier)
cousin	le/la cousin/e	little girl	la fillette
descendant	le/la descendant/e	son/daughter	le fils/la fille
fiancé	le/la fiancé/e	visitor	le visiteur
friend	l'ami/l'amie	woman, broad	la gonzesse (familier)
grandson/granddaughter	le petit-fils/la petite-fille	wife	la femme
great grandfather	l'arrière-grand-père		

Vêtements

armor	l'armure (f)	poncho	le poncho
clothes	les fringues (f) (familier)	rags	les guenilles (f)
Izod shirt	la chemise Lacoste	ring	la bague
jewels	les bijoux (m)	shoes	les chaussures (f)
man's suit	le costume	shorts	le short
pants	le pantalon	skirt	la jupe
polo shirt	le polo	suit jacket	la veste

Endroits

bathroom	la salle de bains	forest	la forêt
bedroom, hotel room	la chambre	garden	le jardin
bowling alley	le bowling	half bath	le cabinet de toilette
castle	le château	hall	le couloir
chapel	la chapelle	hotel	l'hôtel (m)
church	l'église (f)	house	la baraque (familier)
city	la ville	kitchen	la cuisine
country	la campagne	living room	le salon
dining room	la salle à manger	office	le cabinet
dungeon	le donjon	place	l'endroit (m)
dungeon	les oubliettes (f)	road	la route
fence	la barrière	street	la rue
forehead	le front	village	le village

Noms utiles

(fifty) bucks	(50) balles (familier)	horn	la corne
bathroom sink	le lavabo	magician's book	le grimoire (rare)
bathtub	la baignoire	Middle Ages	le Moyen Age
behavior	le comportement	misunderstanding	le malentendu
car	la bagnole (familier)	nose	le nez
car	la voiture	perfume	le parfum
chariot	le chariot	soap	le savon
ear	l'oreille	stomach	le ventre
face	le visage	teeth	les dents (f)
feet	les pieds (m)	toilet paper	le papier hygiénique
flashlight	la lampe électrique	toothbrush	la brosse à dents
flask	la gourde	toothpaste	le dentifrice
food	la bouffe (familier)	torch	la torche
food	la nourriture		

Verbes

to be # year(s) old	avoir # ans	to get mad	s'énerver
to be afraid (of)	avoir peur (de)	to go (away)	s'en aller
to be ashamed (of)	avoir honte (de)	to go to bed	se coucher
to be cold	avoir froid	to hurry	se dépêcher
to be fed up	en avoir marre	to hurt	avoir mal à
to be hot	avoir chaud	to intend to	avoir l'intention de
to be hungry	avoir faim	to make a mistake	faire une gaffe
to be in the habit of	avoir l'habitude de	to manage, to get by	se débrouiller
to be named	s'appeler	to mistake	se tromper
to be right	avoir raison	to mock, make fun of	se moquer de
to be sleepy	avoir sommeil	to need	avoir besoin de
to be thirsty	avoir soif	to relax	se reposer
to be wrong	avoir tort	to seem, to appear	avoir l'air + adjectif
to behave, conduct	se comporter	to set the table	mettre le couvert
to brush one's teeth	se brosser les dents	to sit at the table	se mettre à table
to calm oneself	se calmer	to steal	piquer (familier)
to drink	boire	to steal	voler
to dry oneself	se sécher	to stop oneself	s'arrêter
to eat	bouffer (familier)	to take a bath	prendre un bain
to eat dinner, to dine	dîner	to take care of	s'occuper de
to feel sick	avoir mal au coeur	to take place	avoir lieu
to fight	se disputer	to undress	se déshabiller
to find oneself, located	se trouver	to wake up	se réveiller
to get dressed, to wear	s'habiller	to want, to feel like	avoir envie de
to get impatient	s'impatienter	to wash oneself	se laver

Expressions diverses

and blah, blah, blah	et patati et patata	Ow !/ Ouch !	Aie !/Ouille!
Bedtime !	Au dodo ! (familier)	Pooh ! Ugh !	pouah !
Bye-ye!	Ciao-ao!	Preppie (approximation)	BCBG
Dinner time !	A table !	really, very	hyper
Help !	Au secours !	See ya !	A tout ! (familier)
Indeed !	Certes !	Shall I die if I weaken!	Que trépasse si je faiblis !
It's crazy !	C'est dingue !	That stinks!	Ça puire!
It's ok !	C'est okay !	to be fed up	en avoir ras le bol (familier)
nothing ventured nothing gained	qui ne risque rien n'a rien	to be scared to death	avoir la trouille (familier)

Tableaux

Crédits

Photographies

Couverture, *Les Visiteurs* ©*Photofest*
Page 42, *Les Visiteurs* ©*Photofest*
Page 46, *Les Visiteurs* ©*Photofest*